बाहर मैं...
मैं अंदर...

बाहर मैं...
मैं अंदर...

अमित श्रीवास्तव

विद्या विहार, नई दिल्ली

प्रकाशक : विद्या विहार,

19, संत विहार (पहली मंजिल) गली नं. 2, अंसारी रोड, नई दिल्ली–110002

सर्वाधिकार : सुरक्षित / संस्करण : प्रथम, 2019 / मूल्य : तीन सौ रुपए

मुद्रक : आर–टेक ऑफसेट प्रिंटर्स, दिल्ली ISBN 978-93-86871-49-7

BAHAR MAIN... MAIN ANDAR...

poems by Shri Amit Srivastava ₹ 300.00

Published by Vidya Vihar, 19, Sant Vihar (First Floor),

Street No.2, Ansari Road, New Delhi-2

आमुख

अपना जीवन हर किसी को कविता के स्तर का लगता है। हम कुछ इतनी तरजीह देकर जीते रहते हैं कि अपना किया सभी कुछ तथा अपने साथ हुआ सबकुछ। बहुत बड़ा लगने लगता है। बहुत महत्त्वपूर्ण! कभी-कभी तो खुद से भी महत्त्वपूर्ण…खुद, यानी कि वर्तमान! (आदमी सिर्फ लम्हों में आदमी है, उससे आगे व पीछे कुछ और) यही कारण है कि अपना सारा रचनाकर्म और सोच वह इन्हीं आगे व पीछे के महत्त्वपूर्ण को समर्पित कर देता है तथा जब वर्तमान की बात आती है तो वह समाज और आसपास में उलझ जाता है, गो कि अपना वक्त तथा अपनी परछाईं को देखना सरल है परंतु सच्चे तरीके से अपने अंदर झाँकना बहुत मुश्किल। इसलिए 'मैं' का सारा रचना संसार या तो हो चुका होता है या होनेवाला रहता है, जो है और जैसा है, उपेक्षित रह जाती है। वर्तमान की सारी निर्मिति समाजपरक हो उठती है। बाहर जो कुछ है, बस उसी का चित्रण होकर रह जाता है। यह सही है कि आदमी समाज का भी अंग है, लेकिन यह भी उसी स्तर और उत्तेजना का सच है कि आदमी अपने पूरे जीवन का एक अखंडित अंग है; एक समय सापेक्ष अंग। किसी निश्चित समय बिंदु पर अपनी जीवन-यात्रा का एक पड़ाव है। आदमी सिर्फ उतना ही आदमी है, जितना कि किसी निश्चित समय पर वह है।

'मैं अंदर' की कविताओं का कोई शीर्षक नहीं है। हेडलेस हैं। मेरी

उस अंतर्यात्रा का कोरा प्रमाण हैं, जो गाहे–बगाहे बाहरी दुनिया से उकता कर मैं करता रहता हूँ। कोरा प्रमाण इसलिए, क्योंकि मैं जानता हूँ कि ये हेडलेस कविताएँ उन कागजी फूलों की तरह ही हैं, जिनमें कभी खुशबू नहीं आ सकती। ये स्वयं मेरे कवि द्वारा खारिज कविताएँ हैं। ये किसी एक दिन, समय या साल की लिखी हुई नहीं लगती हैं, और न हैं। ये अंदर घटे हुए और घुटे हुए वाक्यात की बेतरतीब अनुभूति है। अतः मेरे लिए यह बताना बड़ा कठिन है कि ये कब जनमीं। ये बताना और भी यातनादायक हो सकता है कि ये क्यों जनमीं।

'बाहर मैं' का रचना संसार–समाजपरक है। इसमें बाहर की दुनिया अंदर की दुनिया पर हावी है। वैसे कविताओं को दो खाँचों में बाँटना ठीक नहीं है, क्योंकि अंदर का सच बाहर के सच से प्रभावित रहता है और बाहर की समझ अंदर की अनुभूति से ही उपजती है। लेकिन फिर भी कोई एक मूलभूत अंतर रह जाता है, जो भोगे हुए यथार्थ और समझे हुए यथार्थ को अलगाता है। जितना बड़ा यह अंदर होता है, उतना ही दुनियावी व्यक्तित्व होता है। 'बाहर मैं' की कविताओं में भी कोई तरतीब नहीं है, क्योंकि दुनिया बिना कारण बेतरतीब–सी घटनाओं का जमावड़ा है।

ये कविताएँ मेरे निजी अनुभव का इकबालिया बयान–सा हैं। समय के बरअक्स ये मेरे होते जाने का प्रमाण हैं। ये हैं, इसलिए मैं हूँ।

—अमित श्रीवास्तव

अनुक्रम

मैं अंदर
(एक बूढ़ा बच्चा)

1

तुम पूछते हो मेरा नाम
और दिखाते हो एक प्रश्नचिह्न
जो कि तुमने
अपने संपूर्ण व्यक्तित्व को निचोड़कर
और एक गठित पूर्वग्रह के बीच
खींचा है
चेहरे के कैनवास पर

बीच-बीच में
मेरे बोलने
और न बोलने के बीच
तुम्हारी अविश्वास भरी उबासी
और···
गहरी साँसों के बीच
फूलते-पिचकते मांसल नथुनों की चौड़ाई
मुझे आकर्षित कर रही है
अराजकता तो मुझमें है नहीं
पर फिर भी

तुम्हारा अविचलित अविश्वास
मुझे निमंत्रण सा दे रहा है
जो कि कोई भी स्व–आकलन में लिप्त व्यक्ति
स्वेच्छा से स्वीकार कर लेगा
पर मुझसे तो
अनुशासन वांछित है
यहाँ भी
और बाहर भी
सदैव
ऊपर से नीचे आते तरल का सा अनुशासन
जिसे बाँधना
अप्राकृतिक तो हो ही सकता है
अगर असंभव नहीं
पर जो बँधा है अपने अस्तित्व से
अपने होने भर से

पर मैं क्यों अनुशासित रहूँ
तब
जब कि मैं जानता हूँ
या कि मैं जान गया हूँ
कि अनुशासनहीनता ही तो
मनुष्य की
सबसे बड़ी संस्कृति है
ईश्वर यदि है
(और मैं अपने संपूर्ण अर्जन की तिलांजलि के खतरे के साथ भी कहता हूँ कि है)

जब भी
अनुशासनहीन हो जाता है
मनुष्य बन जाता है

अजीब सी बात है
मुझे भी लगी जब यह कौंधी
मेरी ऊबी हुई और विस्तृत खामोशी के बीच
बकबक करते दिमाग में
और तब ही मैंने जान लिया
कि मैं भी कभी
ईश्वर रहा हूँगा

यह जो मेरी कर्तव्यों की धरा पर
खुरदुरापन सा है
और हाँ,
कभी-कभी ही
अचानक
जो मेरी सोच को
हिचकियाँ सी आती हैं
ये इसी बात की सूचक हैं
कि कभी मैं ईश्वर था···

सौभाग्य है मेरा
कि हिचकियाँ आती हैं मुझे
शायद तुम्हें भी आती हों
लेकिन नहीं

तुमने तो अभी–अभी
ले ली हैं स्लीपिंग पिल्स
और तुम सोना चाहते हो
निर्विरोध–निरंतर–जीवन पर्यंत

पर अचानक जब कभी भी
बजेगी टेलीफोन की घंटी
तुम्हारे मन के उस अँधेरे कमरे में
तुम हड़बड़ाकर उठ बैठोगे
फिर कोसोगे टेलीफोन को उद्विग्न हो
उसकी उद्दंडता पर
पर तभी शायद
तुम्हें अपनी नींद पर आएगी शर्म
और तुम ढूँढ़ने लग जाओगे···
लक्ष्य

और फिर सोचोगे तुम भी
मेरी तरह ही
कि निद्रा से पहले मैं ईश्वर के करीब था
फैल जाएगा हृदय में
एक बड़ा पछतावा
और साथ ही एक खिलखिलाहट भी
उस सार्वभौमिक सत्ता की
सार्वजनिकता पर
जो छिन्न–भिन्न सी
समाप्तप्राय

मिल जाती है हर जगह···
पुस्तकालयों में
शौचालय की दीवारों पर
हर छोटे–बड़े पब्लिक प्लेसेज पर
और कभी–कभी
किसी–किसी जेब में
विघटित और मृत

विद्रोह करेगा हृदय आँखों से
और तब कहीं जाकर पूरी होगी खोज
और सूक्ष्म समय के लिए तुम मिलोगे
सत्य से···
स्वयं से···
ईश्वर से···

तभी अचानक ही
'कैदी से मिलने का वक्त समाप्त हुआ'
ऐसा कर्कश स्वर पड़ेगा
तुम्हारे चिंतित कानों में
और तुम्हें आना पड़ेगा बाहर
खुली हवा में
'फिर आना कभी' सा आग्रह
और 'देखेंगे' जैसी व्यस्त उपेक्षा के साथ

बाहर आते ही
जारी हो जाएगी कोई प्रतिषेधाज्ञा

या तुम्हारे नाम आने लगेंगी
ब्लैंक काल्स
और तुम्हें घुमा-फिराकर
इनडाइरेक्टली
मना कर दिया जाएगा
तुमसे मिलने के लिए…

2

मुझे मैं बनाने में
बराबर का साझा है
वेदना और संवेदना का…
एक की गहराई
दूसरे को उधेड़ देती है
और तब कारणमात्र से दूरी बढ़ जाती है
लग जाते हैं आस-पास
चिपटे से
असंख्य मान
जहाँ-जहाँ मुझे गुलामी का दर्शन होता है

तो क्या ये भी गुलामी है
स्व की
पर स्वीकार्य है मेरे लिए
मुझे ऐसी परतंत्रता
जो कहीं भीतर से उपजी हो
इसमें वेदना तो नहीं होती

इसकी कि
मुझे अभी पूरा होना है
और भयादोहन भी नहीं…
किंतु दिशा-निर्देश
विचारों को
मेरे अपने (यद्यपि इनका स्वामित्व परिस्थितियों के पास है)
कहीं और से?
कहीं दूर से?
नहीं! मुझे नहीं पचता
इससे तो टीस ही उठती है—
पहली और आखिरी टीस
जिसे वेदना कहूँ या संवेदना
फर्क नहीं पड़ता

बस इतना सा फर्क कि
एक टीस देकर आगे बढ़ती है
और एक
आगे बढ़कर टीस देती है

3

मेरे मन में अवश्य
आलोचना का उन्माद है
तभी तो
एक गहन ठहरी दीर्घ निःस्तब्धता के बीच
मुझे याद आ जाती है खुजाने की
पीठ

और कभी कभी तो हद ही हो जाती है
जब बजबजाते नालों से उठती
असहनीय सड़ांध से मुझे मिलता है…
एक छिछोरा आमंत्रण
और मैं एकीकरण में डूब जाता हूँ

अभी सीढ़ियाँ चढ़ते हुए
मुझे एक ठंडेपन का एहसास हुआ था
और एक ठहराव
मैं वापस मुड़ पड़ा
…सोच में…
जब मैं हथेलियों में
मुँह छिपाकर भागा था
क्योंकि मुझे मिली थी
एक करारी डाँट
अपना नाम न बताने पर
संभ्रांत मेहमानों के आगे

उस मोटी महिला ने हालाँकि
अपने पुत्र की पूरी कविता
स्वयं ही सुनाई थी
फिर भी

बढ़ रहा है लगातार मेरा उतावलापन
साथ ही
कर्मशून्यता

जैसे–जैसे सीढ़ियाँ चढ़ता जाता हूँ
खट–खट···
खिड़की से झाँकती दो आँखें
उनमें स्वप्निल आकर्षण नहीं मिलता मुझे
मिलती है
एक उपहास भरी तत्परता
और मैं फिर टटोलने लग जाता हूँ
विचार सूत्र

और उस गाँठ से पहले, बहुत गहरे
मिलती है उन्मेषित व्याकुलता
जो सानिध्य की आकांक्षी है
जिसमें स्वामित्व की लोलुपता भी है
स्वामित्व
जो गदराकर कभी–कभी
खो जाता है साध्य में
तभी कारण और परिणाम में अंतर
सूक्ष्म हो जाता है
पूर्णता
यहीं कहीं आती है

4

मुझमें ताप ज्यादा ही है
मानव तन का
तभी तो फूटती–विस्फारित बिवाइयों को

एक नमकीन निराशा
जिसमें दया का आग्रह भी हो कभी-कभी
के साथ
बस यों ही रहने नहीं देता हाल पर
बल्कि
चाकू लेकर छीलने बैठ जाता हूँ

इसी कारण इस संकुचित हृदय में
विघटन ज्यादा ही है
हर टुकड़ा हृदय का पूर्ण है
एक पूरा मैं
तभी तो हर आने-जानेवाले से
मैं मिलता हूँ
किसी भी टुकड़े के साथ
और मेरा मैं
छलनी नहीं होता

शायद यही कारण है
कि मैं बेशर्म कहलाता हूँ
और एक लिजलिजा-गीला आदमी

पर समस्या तो तब आती है असली
कि किसी एक अगले से
मैं मिलता हूँ
पूर्वग्रहित दो टुकड़ों के साथ
एक ही समय पर

और अंतर्यात्रा छिन्न-भिन्न हो जाती है
उसकी इस घोषणा के साथ
कि 'शायद आप आपे में नहीं हैं'

मैं अपने कहे शब्दों को फिर टटोलने लगता हूँ
गटकने लगता हूँ
स्वयं निर्मित भाषित-अभाषित
अनमने हठ के साथ

संचयन करने में खुद का
समय कुछ ज्यादा ही लग जाता है
कभी-कभी
और इसके पहले ही
एक व्यंग्य मिश्रित दया के साथ
घोषणा हो जाती है
मेरे मानसिक दिवालियेपन की···

5

अचकचाकर छा रही है मुझ पर
बारहमासी चिंता
सिद्ध करने की
कि ये मेरे ही हस्ताक्षर हैं
और ऊपर लिखे घटिया टुकड़े
मेरी वर्षों की मेहनत की
बस एक औपचारिक सी ही उपज हैं

जिन्हें लिखने में एक बार तो
मेरी उँगलियाँ भी काँपी थीं
पर मैं लिख गया
ये सोचकर कि कहीं-न-कहीं
तो ये मेरा प्रतिनिधित्व करेंगी

6

हर बार
यही बात
क्यों ?

वो एक जोड़ी आँखें कहाँ हैं अब
जो मुझे घूरती रहती थीं
मेरे हर छोटे-बड़े,
उलटे-सीधे क्रियाकलापों में
जिनकी चुभन
मेरी पीठ पर खरोंच छोड़ देती थी
पछतावे की
एक गहन-दीर्घ पछतावा
मेरे विचलन में
या कि
मेरे अकर्मण्यता के पलों में

जिनमें कोई आग्रह नहीं था
देखे जाने का

और कोई दिशा–निर्देश भी नहीं
जो बस उठती और गिरती थीं
किसी अनबूझी
अज्ञात प्रज्ञा से

मैंने भी उन्हें देखा नहीं था
सिर्फ अनुभूति की सीमाओं में
स्वीकार किया था
उनका अतिक्रमण
जो यों ही कहीं हो गया होगा
पूर्वाग्रह रहित
अनायास

जिससे मेरी स्वतंत्रता बाधित भी नहीं हुई
बस एक लगाम सी खिंची
एक अदृश्य लगाम
मेरी अनियंत्रित नैतिकता पर
चाबुक कभी नहीं पड़ा
और न ही लगाई गई हाँक
बस गिरते–गिरते मुझे लगता
कि वे आँखें मुझे छू भर गई हैं
और भर जाता था मुझमें उत्साह
जीने का।

7

संघर्ष समाप्त हो चला है
लगभग
दिमाग कुछ थका-थका-सा
शांत बैठ जाना चाहता है

हर आरोप हृदय का
हर गाली
जो निकलती है रह-रह कर
हृदय की बंद कर दी गई
खिड़कियों से
रोकर अभी चुप हुए बच्चे की
हिचकियों की तरह

आक्रोश कुछ नई दिशाएँ
बना रहा है
हृदय से ऊर्ध्वाधर
ऊपर को
चिंतित आक्रोश
बेचारा···
नहीं जानता
कि एक मीठी थपकी समझौते की
(जो कि मस्तिष्क की नितांत प्राइवेट प्रॉपर्टी है और जिस पर
हृदय का दावा हर बार विफल रहा है।)
हर आवेश सुला सकती है

गहरी नींद में
एक लंबी
चुप सी नींद

8

अनुकूलन
अब एक शब्द मात्र नहीं है
मेरे लिए
बल्कि एक रास्ता है
और मजे की बात
कि
आखिरी···

9

रुको अभी
मुझे सारे अवयवों को टटोल लेने दो
और फिर
लेने दो एक साँस
मेरे संपूर्ण
मैं के साथ
तब चलूँगा मैं तुम्हारे साथ
जहाँ तुम ले चलो
जैसे ले चलो

बस इन मांसपेशियों
की रगड़
और खींचतान
मुझे आखिरी बार
सुन लेने दो

ये प्रमाण हैं
मेरे होने का

आखिर बदलना ही तो है
मेरा परिचय
हर ठोकर पर
और ठोकरें कुछ ज्यादा ही लगती हैं
पथरीली जमीनों पर

10

एक और अँधेरी सुबह
साँकल बजा रहा है दरवाजे पर
लगातार कोई
कौन होगा ?
छटपटाता सा सवाल उठा
किसी बेस्वाद जवाब की अपेक्षा
(निजी अनुभवों की पहली उपज स्वाद से कोसों दूर रहती है बहुधा)

फिर-फिर उठने लगी आशंकाएँ
उबलते पानी सी
घुटी-घुटी
क्या फिर कोई वैसा ही
डजले कपड़ों में
भयावह जिस्म को छिपाए
कई चेहरों को एक घड़ पर लिये घूमता
व्यापारी?
मनुष्य?

सत्ता परिवर्तन हो गया
भीतर-ही-भीतर
अब प्रधान का घर ऊपर है
सबसे ऊपर
जिसमें गणित है
सिर्फ गणित
जोड़ना-घटाना, हानि-लाभ
बस
चलो दरवाजा खोलें।

11

अंतर सूक्ष्म था
छोटा
छिपा-छिपा सा
मैंने ईश्वर से माँगा मोक्ष

और जीता रहा
उसे पाने के लिए।

12

इस बारिश में
बंजरों में भी
कुछ नई आशाएँ
संभावनाएँ उपजी हैं
कि
बंजरता बढ़ेगी

13

एक अभिवादन
उन अनउपजे सवालों के नाम
जिनका समाधान
खुद सवालों की परिभाषा बन सकती है

या जिनका
साहित्य के इतिहास में
और
वर्तमान व्याकरण में
एक गहरे किंतु अनबूझ
चिह्न के साथ

स्वागत होता है
उपदेशात्मक वाक्यों के अंत में
लगनेवाले
और
श्वसन क्रिया को निबटाते
विराम के बीच
उठनेवाले चिह्नों
के बीच का कोई चिह्न

यह मुख्य धारा है
इतना कहकर आप मुझे
चिंतित भर कर सकते हैं
या
दिखा सकते हैं मुझे
मेरी (जो मैं ही नहीं मानता)
पलायनवादिता
इससे ज्यादा कुछ नहीं

लेकिन ठहरिए
सड़ते मांस को निकालने से पहले
उसमें जमा
बजबजाता पस तो बह जाने दीजिए

14

करारी चोट
और ठंडी औपचारिकता

मुझे सहन नहीं होती
इनके घटित होने में
सदियाँ लगती हैं

15

ये विद्रोह तो कतई नहीं है
तथाकथित (प्रमाणित ?)
वृहत्तर सत्ता से
इसे तो एक 'न' की
अति खींच ही कहना उचित है

या कि
अपने को दर्ज करवाने की भूख
मेरी मानसिक भूख
कभी-कभी
शारीरिक चेष्टाओं का
समीकरण ले उतरती है

कभी-कभी
मैं करता हूँ गलतियाँ
सिर्फ इसलिए
कि भटक न जाऊँ
जो एक राह चुनी थी मैंने
सही या गलत
कहीं भूल न जाऊँ

मजबूती से बाँधा है इसलिए
मैंने अपने को
इस संकीर्ण किंतु मेरी सी
मूर्ति में
जहाँ एकत्रित हवा
मेरी साँस का इकलौता समान है
और संवेदनाओं का
आधार स्थल भी
उत्सर्जक भी

इसीलिए तो मेरी अनुभूतियों
के रिफ्लेक्शंस में
एक हलकापन है
एक ठहरा-ठहरा सा अनाकर्षण
जो कभी-कभी
पिछली संवेदनाओं के साथ
मर्ज कर जाता है

एक ढुलमुल
ढीली
अशक्त संवेदना उतरती है फिर
चेहरे के कोणों के साथ
चाप बनाती हुई—छटपटाती-सी

सोचता हूँ
आज मुक्त कर ही दूँ

इस प्रेत को
बहुत दिनों से बंद है
बेचारा कैदी
कैप्सूल-सी तंग कोठरी में
जहाँ हवा-पानी
दम घुटने के डर से नहीं जाते
वहाँ सिर्फ यही जिंदा रहता है
दबा-दबा
अर्धमूर्छित-सुसुप्त
किंतु जिंदा

जगाकर खोद-खोदकर
निकालूँगा
कि मैं भी वही हूँ
प्रेत
जो आप
बन नहीं पाए
अपने कारणों से
और जो हैं
वो अब रहना नहीं चाहते
आपके कारण

16

चोले बदलकर
और रखकर

नित नए उपनाम
हम पहुँचना चाहते हैं तुम तक

17

परिस्थितिजन्य शून्यता
चिपक गई है मेरे नाखूनों पर
अब मुझसे नहीं कुरेदा जाता सच

जितना है
जो है
वही हो सकता है
इसलिए है
ऐसा मानना पड़ता है मुझे

क्या करूँ
जानता हूँ
पहुँच तो जाऊँगा ही
लेकिन ऊँचाई से डर लगता है
कभी-कभी
जब देख लेता हूँ
पहुँच-पहुँचकर गिरना लोगों का

वैसे भी
मैं तो बड़ी जल्दी में हूँ
कस ली है मैंने नसें

और उठा रखा है एक कदम
पहले से
चिढ़कर उन पिछले कदमों से
जिनके रखने के पहले से ही
आवाज आई
'अब आए
शो खत्म'!

18

कभी तो जुटेगी मुझमें
तुम्हारे सी
इलास्टिक भावनाएँ
और
यांत्रिक शक्ति
और फिर
इन्हीं आँखों से
इन्हीं दो से
करूँगा सूराख
लक्ष्य-भेद···

19

वो जो चिपचिपा पदार्थ
रोमछिद्रों से
कभी-कभी ही

बाहर फूटता है न
वही बताता है
कि मैं था कितने पानी में

और फिर झटके से
खिसियाया-सा मैं
झटकना चाहता हूँ जिसे
चल हट, दूर हट
के जुमले के साथ
लगा रह जाता है
त्वचा श्वास केंद्रों पर
वह तब तक घर्षण न मिले हवा का
जब तक
और मैं रहता हूँ
उस पल तक
बोझिल, चिपचिपा
डूबा हुआ पुरानी सोच में

20

चलो अब उग भी जाने दो
घास
कब तक रोकोगे
मिट्टी भी गीली है
और अभी-अभी कुरेदा है किसी ने
तीखे व्यंग्य-बाणों से

21

मेरे होंठों पर
मेरी ही उँगलियाँ
दिखती नहीं
पर आ जाती हैं
वहाँ
जहाँ बताना भर है
कि 'क्यों'?

अच्छे अभ्यस्त हैं होंठ भी
अनुशासित
इन्हें स्वीकार्य है
निचली स्वतंत्रता से ज्यादा
परतंत्रता
ऊपर से

दिशा–निर्देश
और आज्ञा–पालन तो इतना गंभीर
कि मुस्कराते भी हैं
बात करते हुए मृत्यु की
मेरी ही।

22

इसे मैं कह सकता हूँ कि मेरी
जो तुम्हारी भी हो सकती है

परंतु है मेरी
इतनी सी गहराई
जिसमें सिर्फ अकेला मैं
अपने साथ
खुद को लिए
खड़ा भर हो सकता हूँ
अकेला

आना–जाना तुम्हारा भी
बाधित है
निषेध है यहाँ
धूम्रपान
क्योंकि
धुएँ का भी दम घुटता है
और एक बेकार–सा
स्वाद जीभ पर चिपका रह जाता है

इसलिए कुछ भी खींच लेने से पहले
गहराई में
गहराई तक सोचना पड़ता है।

23

मेरा आदर्श बनते जा रहे हैं
त्रिशंकु
लगता है यही सत्य है

हाँ और न के बीच
लटकता-सा
झूलता झूला
जो कभी
हाँ से हाथ मिलाता-सा लगता है
और कभी न के नाखून का छूकर आ जाता है
लेकिन स्थिर नहीं होता

मुझे लगता है
यहीं कहीं बीच से जो रास्ता जाता है न
वही नियत मार्ग है
उसी पर चलना है
फिर क्यों खाऊँ मैं
इस कच्ची सड़क की
पस भरी उमस से अलसाई
धूल

या कि उस सड़क के
कंकरीले पत्थरों की खरोंचें
जो बिवाइयों में सहसा घुसकर
स्वयं चीत्कार उठती हैं

जबकि
मुझे जाने क्यों ऐसा लगता है
कि यहीं कहीं बीच से
गदराई गर्द और चिड़चिड़े पत्थरों के बीच से
कोई रास्ता जाता है।

24

हो सकता है बहुतों को हो
मेरा इंजार
पर सबसे ज्यादा व्यथित
तो मैं हूँ
सोचता हूँ
जाने कब मुलाकात हो

इतनी दूरियाँ तो तय कर चुका
ढूँढ़ते–ढूँढ़ते
और जितनी बाकी है
उतनी लगता है तभी से हैं
जब से शुरुआत की थी

वही मोड़ अब भी है सामने
ठीक सामने
ऊपर उठा हुआ सा मोड़
जिसकी अगली और पिछली टाँगें
हर परिस्थिति में
एक दिशाहीन निर्देशांक में
झूलती–सी दिखती हैं
कि जैसे
किसी ने अपनी इकलौती कमीज धुली हो
और बड़े जतन से सूखने डाली हो

अभी उठे बवंडर
यहीं इसी मोड़ से मुड़ते हैं
और आगे जाकर, थोड़ा आगे बस
कुछ पल ठहरते हैं
और फिर अँगूठा दिखाते हैं मुझे
मुड़कर
एक कसमसाया-सा
अपने उठे जाने से बेचैन
उनींदा अँगूठा
जैसे कहते हों
'तुम फिर हार गए'

ये मेरे कार्यों की दिशा है
या सोचों से वशीभूत
मन की निर्लिप्त उड़ान
पर वो अँगूठा अवश्यप्राय है
जो मेरे हर कदम से पहले
उठने वाले कदम पर
परिणाम यंत्र के फाइनल स्ट्रोक्स
का कच्चा चिट्ठा
(मुझे उसका हितैशी होना स्वीकार्य है)
बेरोक-टोक, निर्लज्ज भाव से
पढ़कर सुनाता है।

25

पहले चोट को समझ तो लूँ
देख लूँ, टटोल लूँ
जान लूँ कि हाँ, यह चोट ही है
फिर इससे सीख भी ले लूँगा

ये बताना खाते ही धक्का
कि इसकी जाति
चोट जाति है
और इसे मात्र व्यंग्यात्मक आक्षेप
या आदेशात्मक उपज
समझ-कर टालना नहीं है
बल्कि
कहीं अंदर तक रखकर चलना है

वहाँ तक
जहाँ तक हमारी सोच का निर्धारण
आपकी आड़ी-तिरछी भवों
और फैलते-सिकुड़ते होंठों के बंधन से
स्वतंत्र हो उठे

पर जाति-निर्धारण भी एक समस्या है
अवसादों की परत इतनी मोटी हो चुकी है
मेरे मस्तिष्क पर
कि

छोटी–मोटी समस्याएँ इसे बेध ही नहीं पाती
बस वापस लौट आती हैं
छूकर
ऊपरी गंदली किंतु चिकनी परत

26

छटपटा कर जब भी मेरे अंदर का आदमी
अस्तित्व के संकट
आत्मविवेचन और मंथन की
लंबी गुहार लगाता है
तब ही शायद
मेरा और मेरा
दोनों का समन्वित प्रयास
उबल पड़ता है

इस उबाल में
(माफ करना मुझे कल की चिंता भी सताया करती है)
मेरा कॉन्ट्रीब्यूशन बस मुझ तक ही सीमित रहता है
और बाकी की उलझने मैं
मैं पर छोड़ देता हूँ

मुझे स्वामित्व की चिंता नहीं सताती
और तो और
निजी अनुभवों को

अपनी प्राइवेट प्रॉपर्टी कहना भी
मुझे बहुत खुशी नहीं देता

मैं बस बहा जाता हूँ
या
उड़ा-उड़ा सा करता हूँ
बिना हवा
बस अपने साँसों की थिरकन पर

'युग परिवर्तन'
'बवाल'
'अभिव्यक्ति'
'अहं की पताका'
'स्वायत्तता'
'अनुभवों की प्रामाणिकता'
'स्तर निर्धारण'
'आत्मान्वेषण'
'आदि अंत की चर्चा'
और
और...

इनसे मेरा सामना
बस ऐसे ही हो जाता है
उड़ते-उड़ते

कभी-कभी ही मुलाकात होती है
जब मैं बैठकर अपने अंदर

इनसे कुशल–क्षेम पूछता हूँ
फिर इनकी शिकायतें
और आश्वासन मेरा
और फिर अचानक ढोने की
ढोते जाने की याद
मैं तुरंत बाहर आ जाता हूँ
खोजकर कोई–न–कोई रास्ता
जिसपर जगह–जगह बहाने चिपके हों
असंख्य बहाने
नए–पुराने
हाँ, बस बहाने
शुरू हो जाता है फिर से
मेरा उड़–उड़ जाना
इनका मिलना
और मेरा कतरा कर निकल जाना

27

लक्ष्य
जो सोचकर भी नहीं सोचा
या पूरा–का–पूरा ही अनसोचा
पर हाँ,
जो घात लगाकर चुपके–चुपके से
छू भर देता था कभी अनजाने में
मेरी सोच को
वही अछूत लक्ष्य

मुझे सामने दिख रहा है
स्पष्ट! सौम्य! विराट्!
अपनी पूरी गहनता
इति–प्रारंभ
और उपजे–अनउपजे परिणामों के साथ

ज्यादा दूर भी नहीं लगता
बस छोटी–छोटी कुछ पहाड़ियाँ
कुछ नाले
और एक बजबजाते दलदल के बिल्कुल सामने

पर हाँ,
इन्हें पार करने में समय तो लगेगा ही
कुछ साल, महीने, क्षण (जिनके बीतने में सदियाँ लगती हैं)
और बस यहीं पता चलता है
कि
इन्हें पार करते–करते
जीते–जीते
जब मैं पहुँचने को होता हूँ वहाँ
उस अपरिचित लक्ष्य के पास
वो अपने स्थान पर नहीं है
या वो तो अपने स्थान पर ही है
पर वो स्थान वहाँ नहीं है
कहीं आगे उतनी ही दूर स्थिर हो गया है

और
देखता है मुझे स्थिर भाव से

जिसमें आमंत्रण की सी आतुरता
और अलगाववादी दुराव
कुछ भी नहीं है स्पष्टत:
बस
एक अनुशासित व्याकुलता है
हाँ और ना के बीच की

फिर अचानक ही
कोई कान में आकर
रहस्योद्घाटन-सा करता है मेरे
कि
मैं चाहे जितना भी बढ़ता जाऊँ
हमारे बीच की दूरी नहीं मिटेगी
दूरी स्थिर है
और पूरा-का-पूरा खंड ही
चलायमान है

सिर्फ मैं ही नहीं चलता
मेरे साथ चलते हैं
उसी चाल से
पहाड़, नदियाँ, दलदल
और स्वयं लक्ष्य भी
अंतत:
बीच की दूरी स्थिर रह जाती है

28

आशाओं का एक बीज निकालता हूँ
ढूँढ़-ढूँढ़कर थकने के बाद
फोड़ता हूँ उसे
और सिर धुन लेता हूँ
कि सड़ा था

29

जीने की खुशी
मौत का आकर्षण कम कर दे
ऐसा कुछ नहीं है
हाँ,
बस कभी जीते-जीते
जब छिटक कर दूर जा गिरती है
जिंदगी
(या कारणों की शृंखला)
और लगने लगता है
कि
अभिप्रायों के पास भी प्रश्न हैं
तब ही
मौत से दूरियाँ बनाने को मन करता है
और
टूट पड़ने को जीने के लिए

30

पूरी होगी भी या नहीं
मेरी एक व्यक्ति
एक पूरा मैं बनने की प्रक्रिया
आसार तो धुँधले ही हैं

तब तक
जबकि एक पूर्ण विराम लगता है
और उसके पहले
एक छोटे अल्प विराम के बराबर की
हिचकी-सी आती है

'वेदना'
'सुख सामर्थ्य'
'संताप'
'कल-आज'
'चेहरे'
'महाकाल'
...तब जब इनका अतिक्रमण होता है दिमाग पर
अर्धमूर्छा या पूर्ण चेतना
कुछ समझ नहीं आता
'आना-जाना'
'पलकें- अंगड़ाई'
'ठहराव'
'दर्द'
तब भी नहीं पूरी होगी शायद

हाँ, बीच-बीच में
साँस लेने
और ठहरकर छोड़ देने के बीच में
लगता है
कि मैं बन गया सा हूँ
एक व्यक्ति के जैसा
या वैसा ही कुछ और
जब मैं दिखा-दिखा करता हूँ लोगों को
और उन्हें अचंभित न करते हुए
हर जवाब देता हूँ
वैसा ही जैसा कि वे चाहते हैं

31

के जैसा कौन है
ये नहीं पता मुझे
शायद
बहुत अलग-अलग सा कोई
या इतना साधारण
कि ढूँढ़ निकालना मुश्किल है
कई सिरों के बीच से।

32

और अचानक तुम्हें लगा
कि तुम्हारी सारी बकबक

चली गई
व्यर्थ
जब खींच ली मैंने चादर
अपने कानों
और आँखों के ऊपर

बस हलकी–हलकी सरसराहट
साँसों के खिलवाड़ की
चादर के शिरातंत्र के साथ
न···न ये मेरा जवाब तो कतई नहीं है
और न ही उपेक्षा
ये तो बस एक प्रदर्शन है
एक प्रोसेशन
उसके खिलाफ
जो मैं कभी निर्धारित नहीं कर पाया
कि क्या?

अब तुम कितनी ही बार रखो ऊँगलियाँ
या
कितनी ही ऊँगलियाँ
मेरा यह बचपना बढ़ता ही रहेगा
बुढ़ापे की ओर
कि बचेगा एक
बूढ़ा बच्चा··· !

□

बाहर मैं
(दूसरा–तीसरा–चौथा पन्ना किताब का…अविश्वास का)

रासायनिक अभिक्रिया

आड़ी-तिरछी रेखाओं से भरी
पुरानी हथेलियाँ
सड़क पर गिरे
नए रेशमी रूमालों को
ऐसे छिपाती हैं कि
जैसे साम्यवादी विचारधारा
भौतिक, गहन भौतिक
सामान्य से मिलकर
पूँजी संचय में जुट जाती है…
और
तीसरा उदाहरण पूछने पर
पुराने गुरुजी
नए स्टूडेंट को
गरियाने लगते हैं
कि जैसे यही हो रासायनिक अभिक्रिया!

—2000

□

सुहागरात के मौके पर एक औपचारिक बातचीत

चलो मैं कुछ नहीं कहता
अपने बारे में
तुमसे कुछ पूछ तो सकता हूँ
बेखटके
इतना अधिकार तो बन ही गया है मेरा

चलो बताओ तो
यहाँ आने से पहले
तुम कहाँ-कहाँ गई
खुला प्रश्न है न
जवाब देना चाहो तो दो
वैसे मत समझना
कि मैं प्रेम नहीं करता
या कि कर सकता
पर मैं तुम्हें
तुम्हारे संपूर्ण को पहचानना चाहता हूँ

ज्यादा कुछ नहीं
बस इतना कह दो
कि मेरा नाम किसके बाद है
ऊँचाई और विस्तार तो लगे हाथ
कम-से-कम

अच्छा यह चोट कैसी है
नहीं बताती···
कोई बात नहीं···फिर भी तुम पूर्ण हो

वैसे दर्द मत झेलना अकेले
मुझे बताना
शायद मेरे पास कोई दवा पड़ी हो
नहीं तो
वो है न मेरा फ्रेंड
तुम तो मिल ही चुकी हो
उसी से लेकर कोई दवा दे दूँगा

तो तुम्हें ये भी नहीं आता···
कैसे आता भला, कभी किया भी तो हो
घबराओं नहीं···मैं देख लूँगा
नहीं तो कोई-न-कोई इंतजाम हो ही जाएगा

थैंक्स
मुझे यह अच्छा लगता है
नहीं···नहीं

अभी इतना तो नहीं है
कोई बात नहीं
थैंक्स…सो नाइस ऑफ़ यू
मुझे इसके हलके शेड्स पसंद हैं
तुम्हें नहीं
चला लोगी काम… ? और तुम्हारी पसंद… ?
ओ थैंक्स

—1999

□

कोशिशें

बिखरे हुए से सूत्र
खुशी के
देर लगाते हैं
पर हाँ,
हाथ में जरूर आते हैं

हर साँस
पूछकर रास्ता
मन से
अंदर-बाहर
आती-जाती है
और कहते हैं लोग
मैंने तो बहुत कोशिशें की थीं!

—*2000*

□

बेचैन बात

(मुक्तिबोध की कविता 'अँधेरे में' को पढ़ते हुए)

कहीं
कही गई कोई बात
बेचैन यहाँ-वहाँ घूमकर
ऊपर-नीचे
अंदर आकर चीखती है
'मुझे बचा लो
चिटखनी चढ़ा लो, रख लो मुझे

बाहर कइयों के हाथ में
नंगी तलवारें हैं
झंडे हैं
फ्रेम हैं तसवीरों के
मुझे जलाना, काटना
और सड़ाकर बाँझ बनाना चाहते हैं
बचा सकोगे ?

चाहो तो किसी प्याले में डालकर

गटक लो
चाहो तो थूक दो

चाहो तो हाथ डालकर
इस छेद से पेट के मेरे
उस पार की नंगी तसवीर
फाड़ दो
यह भी कर सकते हो चाहो तो
कि लगाकर मेरा तकिया मोटा
लाल चटख चादर के अंदर
सो रहो
चाहो तो मेरे उभार गिनते-गिनते
रात में कट जाओ साथ-साथ

मुझे छूना मत बस
मैं जल रही हूँ
इसलिए एक खतरा और
और गंभीर
आंतकी
कि आ जाएँगे कई हाथ सेंकने
कई छूटे हुए
दौड़ के पिछड़े
तो उस गहरे कुएँ की सीढ़ी पर
जगह बना
मुझे टिका लो
ढक्कन जरूर लगा देना

बाहर इंतजार कर सको
तो करो
उस भाप का
जो स्टीवेंसन किसी को
क्या बना गई

मेरे कितने नातेदार–रिश्तेदार
फरकंटी दोस्त–यार
कहाँ–कहाँ
किन–किन कुओं में
बंद हैं
और कितने तुम से
हाथ बाँधे बाहर खड़े
कब से जाने इंतजार में
उस ऐसी भाप का
जो कुछ बना सके उन्हें या नहीं
सामान बने उनकी साँस का
लंबी···तेज···आखिरी।'

—2000

□

एलजेबरा
(छत पर पढ़ाई)

कठिन होते हैं गणित के सवाल
खासकर···एलजेबरा
बस
ये आखिरी गमला बचा है
पानी डालकर जाए
तो कुछ समझ में आए

—2003

□

मैं बिकाऊ जरूर हूँ,
बस बिकने लायक नहीं

मैं बस इसी पन्ने पर
बिछ जाना चाहता हूँ
अक्षरों के बीच धँसा हुआ
जिनके बीच फँसी हुई चिट पर लिखे हैं
तुमने कुछ अगड़म-बगड़म शब्द
जिन्हें मैं पढ़ लेना चाहता हूँ कि
'आई लव यू'

घूम-घूम आता हूँ बाहर
दूसरा-तीसरा-चौथा पन्ना
किताब का-अविश्वास का
और लौटकर सरप्राइज गिफ्ट-सा
इसी पन्ने पर लेट जाता हूँ
बाएँ हाथ का तकिया लगाए
क्योंकि दाहिने हाथ में तो पेन है
जो कि कब किससे माँगी थी
इस पर लिखा नहीं, नहीं लिखा

बस यह कि
इसी से सिगरेट सुलगाता हूँ झूठ-मूठ
लिखते-लिखते थककर
और कभी-कभी खुजला भी लेता हूँ इसी से
आत्मवाद की खुजली
फिर यथार्थ-सा टिका लेता हूँ कान पर
कि बस सुनाई भर देता रहे
दिखे न ये गंदा

यही एक पन्ना ही तो है
जो मुझे स्वीकारता है
बाकी सब—इसके आगे और पीछेवाले
चटख रंगीन हैं
और मुझसे पूछते हैं पहली एंट्री पर ही
मेरा रंग···

इसी बदरंग पन्ने पर
उधार की कलम लेकर
लिख-लिखकर चेक करता हूँ
अपना सिगनेचर
जिसे तुम जरूर पढ़ लेना
कि मैं बिकाऊ जरूर हूँ
बस बिकने लायक नहीं

—2000

□

डेट ऑफ बर्थ

मैं पचासा तक के
उस बूढ़े स्कूल चपरासी से
कहता हूँ कि
ध्यान रखना बच्ची का
और एक बार फिर
कन्फर्म हो लेता हूँ
उसकी डेट ऑफ बर्थ

—2000

□

वेंटीलेटर
(ऋषभ तुम्हारी याद में)

तब तक भयावह नहीं लगा
ये वेंटीलेटर
जब तक
मेडिकल साइंस की सीमारेखा पर
ईश्वर के खड़े होने का भान लगा रहा

इंतजार भी भारी न था
उस चमत्कार का
कि शायद हमारी दुवाओं
मंत्र-श्लोकों
(कि जिससे हम ईश्वर को जिंदा रखते हैं)
और माँ की गीली कातर आँखों
का एक टुकड़ा भी वहाँ पहुँच सके
जहाँ तुम ईश्वर की गोद में मुस्कुराते-से लेटे थे
और ईश्वर
एक बार फिर
इस वातानुकूलित कमरे में
तुम्हारी साँसों को गरम कर दे

लेकिन
इन भारी-बड़ी मशीनों से
तुम्हारे फूलते-पिचकते सीने में
भरा गया झूठ
हमें वहाँ पहुँचा न सका
जहाँ तुम ईश्वर की गोद में मुस्कुराते-से लेटे थे

तुम
जिसने हमारे घर दरवाजे-दीवारों पर
खिलखिलाहट पोती थी
तुम
जो अपनी पतली-मुलायम उँगलियों के इशारे
और हलकी मुस्कान में
सीधे-सच्चे और समझदार-से दीखते थे
तुम
जो बड़ी आसानी से किसी की भी गोद में जा बैठते थे
अब की
तुमने ईश्वर को चुना
शायद ईश्वर को
तुम ज्यादा प्रिय थे!

—2009

□

चली तो नहीं गई ?

(चौकियाँ मंदिर की लाइन में लगकर)

भीड़ बहुत है
माँ के दरबार में
उचक-उचक कर देखता हूँ
आगे और पीछे के लोग
और···
···चली तो नहीं गई ?

—2000

□

कहानी नहीं नियति है

'यह एक सच्ची घटना पर आधारित है
और
व्यक्तिगत आक्षेपों से बचने के लिए
इसमें व्यक्तियों
और स्थानों के नाम बदल दिए गए हैं'

अब भी भान नहीं है सरकार को
आजादी के साठ बरस बाद भी
कि ऐसा कहना
सरासर बेमानी है
नाम बदलो या न बदलो
यह कहानी नहीं अब नियति है
करोड़ों भारत वासियों की

बनारस का स्टेशन भीड़ भरा
हमेशा ही रहता है
भीड़ किसी खास वक्त और दिन की
मुहताज नहीं है यहाँ
ठेले-रेहड़े वाले

बड़े दुकानदार
सफाइकर्मी, रेलवे स्टाफ
पुलिस के कुछ बंदे, कुली,
पी.सी.ओ. वाले
और यात्री
बच्चे, बूढ़े, आदमी, औरत और··· और

और एक माँ भी है
दो बच्चों की माँ
दो छोटे–छोटे गंदे काले बच्चे
जिनसे बचकर
कई आदमी के बच्चे चल रहे हैं

लकड़ी के प्यारे खिलौने लिये
एक दुकानदार अपनी दुकान फैला रहा है
गंदला बच्चा और गंदली बच्ची
सामने आ बैठते हैं
साथ में माँ भी
मुस्कुराते हैं देखकर खिलौने
और उँगली दिखाते हैं
कि चाहिए
माँ मुस्काती नहीं
दाम पूछती है
खिलौनेवाले से
और सुनकर मुरझा जाती है
'कुछ कम होगा क्या ?'

'बड़े महँगे दे रहे हो?'
क्या–क्या कहना चाहती है
पर चुप रह जाती है
फिर हाथ में दबी नोट देखती है
इतने में
जाने कितनी बार बच्चे माँग चुके हैं
खिलौने

माँ पलटकर सामने ठेलेवाले से
केलों के दाम पूछती है
और हाँ, उससे पहले ही
दो केलों का ऑर्डर दे चुकती है
फिर चुप कर जाती है
दाम उसका भी ज्यादा था
बच्चे
अब दो चीजों के लिए रो रहे हैं···

—2002

□

ऐसा हूँ

कितनी बार कहूँ
कि याद है पिछली सारी बातें
कि जब तुम पूछा करते थे ये
कि कैसे हो ?
और
बगले झाँकने लगता था मैं
यों···
कि ऐसा हूँ।

—2000

□

आज सूरज पश्चिम से उगा था

आज कोई भयावह ख्वाब
नींद में खलल नहीं डाल गया
और मैं हड़बड़ाकर उठ बैठा नहीं
सोते-सोते अचानक

आज फिर घर से निकलते ही
कोई नहीं टकराया
बौखलाया हुआ सा
कि शर्माजी का एक्सीडेंड हो गया भयानक

आज सड़क पर भी
रिक्शा-स्कूटरों की रगड़ से
बचा रहा
पैंट पर ग्रीस और
नाक में
पसीने-धूल-धुएँ की
बदबू नहीं घुसी

ऑफिस में भी
हवा हल्की-हल्की थी आज
बॉस ठंडे दिमाग में था
ऊपर से अनचाहे ऑर्डर
नहीं आए थे
कैंटीन खुशगवार थी
फ्रेश समोसे और चाय भी
ठीक थी
लोग एक-दूसरे का हाल-चाल पूछ रहे थे
और नहीं दे रहे थे
उदासीन सलाह
शाम आज ओवर टाईम का
झंझट नहीं था
लोग एक-दूसरे को
बधाइयाँ दे रहे थे
क्योंकि
इंडिया जीत गई थी
क्रिकेट मैंच में

आज
सामान की कीमतें कुछ कम लगीं
सब्जियाँ हरी-भरी थीं
और
मिठाइयों पर मक्खियाँ भी नहीं थीं

घर में घुसते ही आज
बीवी ने हाँक नहीं लगाई

बिटिया की दवा की
और यह भी नहीं कहा
कि 'बैंगन सड़े हैं, आलू खराब
और फिर लुटकर आए हैं आप'

आज नहीं खुला माँ के शिकायतों का पिटारा
कि बहू बिन पल्लू के घूमती है
इतनी ढील देना ठीक नहीं बब्लू

टीवी पर भी आज समाचार
समाचार जैसे दिख रहे थे
अघोरी बाबाओं की चकाचौंधी कलाबाजियाँ
या किसी महानायक के महापुत्र की
शादी की
एक्सक्लुसिव रिपोर्ट जिसने पूरे 36 घंटे
तक स्क्रीन को डस लिया है
कुछ भी नहीं था
जाने कैसे आज
संगीत के अखिल भारतीय कार्यक्रम में
ध्रुपद गायन था शायद किसी पुरानी डबिंग से
रातोरात स्टार बना देने के
बाजारू सपने बेचनेवाले
टेलेंट हंट कार्यक्रम की जगह

आज कितने सालों के बाद
(दुनियावी बातों के लिए गैर-जिम्मेदार

घोषित किए जाने के बाद शायद पहली बार)
मैं सो गया
बिना नींद की गोलियों के

गहरी नींद की गफलती में
यकायक भान हुआ
आज सूरज पश्चिम से उगा था
आज सूरज पश्चिम से उगा था!

—2009

□

वर्चुअल रिअलिटी

यहाँ बैठकर मैंने
···वहाँ को छू लिया भर
सँभलकर
और इतिहास
और पुराना हो गया···

—2000

□

मुझे इंतजार है
(मैं मोनालिसा)

मुझे टँग जाने का भय है
उस तरह से
जैसे खूँटियों से जाले लग झूलते हैं
और फिर
मेरी उपस्थिति तो साधारण तत्त्वों के साथ है
सिवाय तुम्हारे

जब तक तुम मुझे पूरा करोगे
मैं अपना अस्तित्व खोज चुकुँगी
और अचानक
तुम्हें हाथ लगेगी एक गहरी निराशा
मुझे मुझ–सा न दिखा पाने की

मेरे सूत्र तुम्हें मिलेंगे तो
क्योंकि मैं स्वयं रखना चाहती हूँ
इनका स्वामित्व तुम्हारे पास
लेकिन अपूर्ण··अंशत:

निराशा तो मुझे भी हो सकती है
तुम्हारे कार्य कर चुकने के पश्चात्
कि काश
मैं ऐसी ही हो सकती
छिपी–छिपी–सी…अस्पष्ट

मुझे इंतजार है
कब तुम्हारी अखंड तन्मयता टूटेगी
और लोगे तुम भी
साँस और
मुझे भी कहोगे ऐसा करने को
तब ही मैं दिखा पाऊँगी
कि कहाँ तुमने मेरे वर्तमान पर
अतीत की स्मृतियाँ उकेरी हैं
और क्यों
मेरी स्नायुओं का सामान्य
खिंचा–खिंचा सा है
ऐसा
कि बताता हो
मुझे मेरी अगली मौत का ज्ञान है

मेरे संगठन सूत्रों के
हर उलझाव का ज्ञान है तुम्हें
हर गाँठ मुझसे मिलने से पहले
तुम्हे अपनी उपस्थिति बताती–सी लगती है
तभी तो

विश्वास है मुझे
हर उभार का
चाहे वो कितनी ही आंतरिक हो
किसी गहरे ठंडे कोने की हो
उभर जाएगी

लेकिन इतना और···
कि जो दिखता है ऊपर
उससे ज्यादा
जो दबा है भीतर
वही उभर आएगा
मुझे इंतजार है···

—2000

□

मत घूरो मुझे

मत घूरो मुझे
गुदगुदी होती है···
और
गटकनी पड़ती है
थूक···
मत घूरो मुझे!

—1999

□

मृत्यु
('सीजर' के पहले झटके पर)

कार्यक्रम समाप्त!
नमस्कार!
अच्छा अब तुम हो,
कैसा अनुभव हो रहा है?
किंचित् नवल विचित्र-सा
ये खींचतान कैसी?
आह! आहा!
क्या कहते हो कुछ स्पष्ट नहीं है
सुख या दुःख कतिपय?
उफ ये घुटन!
अजी वाह! क्या कहने हैं
पुनः रगड़,
खींचतान,
स्पर्श··· विलगाव··· पुनः स्पर्श,
विचित्र-अति विचित्र,
विमुख-मुक्त?
अनवरत,
अति तीव्र

अरे आप सब?
सभी?
पर कहाँ?
दिशाहीन···अनंत–यात्रा···पर क्यों?
नहीं···नहीं मैं नहीं जानता!
मुझे फिर
एक बार
सिर्फ एक बार
इस असीम
आदि–अनादि से
विलग करो,
कष्ट दो,
जीवन दो
एक बार,
सिर्फ एक बार···

—1996

□

संक्रमण-काल

रुद्राक्ष की माला
मिट्टी का ढेर
या
पत्थरों की बरात
अजी! सँभल कर चलिए
यही तो
विचारों का संक्रमण काल है।

—1996

□

कवि मैं

टकराता है अहम्
क्षमताओं से
उल्लास···लालसा···और
प्रेरणा का निश्चयन
मुझसे नहीं हो पाता

स्कूल के कड़े अनुशासन में बँधे बच्चे-सा
कवित्त मेरा
छटपटाता है
मैंने खुद को
कड़ा··· इतना कड़ा शिक्षक क्यों बनाया
जो खड़ा रहता है
हर दरवाजे पर जहाँ सूराख हो
और कवित्त फूट पड़े

समस्या है—
मैं कवि और मैं
दोनों साथ-साथ हूँ
अब तक!

—1995

□

खाली पेट

मेरा दर्पण
रूढ़िवादी हो गया है
पलट देता है हर बार
सच्ची तस्वीर
और मन
टूट-सा जाता है
कि आह! इस बार तो शुरुआत अच्छी थी

हृदय पेट के ऊपर से
ठठाकर हँसता है
और सो जाता है
खाली पेट की गोद में
लेकर एक अतृप्त डकार
ठीक भी है यार···
भरे पेट से तो
नींद भी अच्छी नहीं आती

—1995

□

बहिष्कृत
(उफ! ये नौकरी)

मैंने कविताओं में प्रश्न रखे
तो आपने
लगा दिया प्रश्नचिह्न मेरी कविताओं पर

मैंने संभावनाओं का पता पूछा
तो दिखा दिया आपने मुझे
बाहर का रास्ता

मैंने याद दिलाई
आपको अपने वादों की
तो कहा आपने
तुम बोलते बहुत हो

मैंने जानना चाहा
अच्छे और बुरे का भेद
सच और झूठ का अंतर
आपने मुझे आईना थमाया
और बिठा दिया

दूर एक कोने में
फिर पीठ पर मेरे चिपका दिया
एक कागज
जिस पर लिखा था बहिष्कृत

और फिर जब-जब
मैंने सर उठाने की कोशिश की
हर बार
कलम कर दिया मेरा सर
मेरे ही प्रश्नों की तलवार से

अब तो मैंने भी अपना सिर
घुटनों में दे दिया है
तमाशबीन बनने से तो
मुर्गा बन जाना अच्छा है गुरुजी!

—2010

□

सपने

आशाओं के सपने
मैंने बुने हैं
डरते-डरते
उम्मीदें बाँधी हैं
काँपते हुए
कि इस बार
आखिरी बार ही सही
सपने
सपने होकर नहीं रह जाएँगें···

—1998

□

जुलूस
(कक्षा बारह को समर्पित)

चला जा रहा है वो भी
अँधी गलियों में
सूनी सड़कों पर
इन्हीं सड़कों पर अभी-अभी
एक जुलूस गया है
जिसमें सबसे आगे झंडा लिये
वह भी तो गया है···

कि अचानक
एक नदी-सी मिलती है
बहती हुई···मूक
कुछ न कहती हुई
बस गंभीर घोष है
छिट-पुट छींटे हैं
और वर्जना है
टूटन है···बिखराव है

वो देखो बहे जा रहे हैं
कितने ही गाँव
पेड़–पक्षी, खाट, कपड़े–लत्ते
ये अवश्य जाकर
किसी शहर के किनारे लगेंगे

यह नदी मुड़ती है, आगे चलकर कुछ दूर
और फट पड़ती है
बिना किसी शोर के
बस एक विरोध के साथ
जो कि उपजा हो स्वयं इसी की धाराओं में
किसी नई दहलीज पर
जहाँ पुरानी चैखट पर
नए दीमकों का प्रवाह तंत्र है
स्वागत है···स्वागत है···
ऐसा कुछ भी सुनाई नहीं पड़ता
पर फिर भी नदी तो नदी है
उसे किसी के निमंत्रण की आवश्यकता नहीं

यहीं कहीं उसे भी बहते जाना है
नदी के साथ
और उलटी–सी करनी है इस दहलीज पर
सिद्धांतों की
मान–प्रतिमानों की
स्व की
जैसा कि सब करते हैं

और तब ही
बेस्वाद मुँह और
झरे हुए चरित्रबल से यहाँ प्रवेश मिलेगा

अविरल प्रवाह···समय का
अभी सूखी नहीं है नदी
बस पथरा-सी गई है
और कीचड़ से भर उठी है
बदबूदार और गंदी

कीड़े-मकोड़े से छटपटाते बजबजाते
उसे वहाँ पड़े-पड़े काफी देर हो चली है
थक चुका है वह भी
अपने को वहाँ चिपकाकर उन्हीं के द्वारा
इंतजार करते-करते
एक संहवन धारा का
जिस पर वह टूट पड़ेगा

अभी यहीं बीच से
कुछ सूखे कीचड़ को चटकाकर
फाड़कर बीच से
धीरे-धीरे एक सड़क-सी निकल रही है
अरे नहीं, ये तो दो सड़कें हैं
दो पूरी सड़कें
बिछी हुई हैं जिन पर
उन्माद से भरी गालियाँ-फब्तियाँ
और गहरा शोर

एक सड़क जाती है
(माफ करें सड़क वहीं रहती है
लोग जाते हैं ये एक फलसफा है)

उधर
जिधर जुलूस गया है
जिसमें सबसे आगे झंडा लिये
वह भी तो गया है
(14.4 pt)और दूसरी—पता नहीं कहाँ
इस पर चलनेवाला जुलूस दिखता नहीं
पर भीड़ तो यहाँ भी है
सारे-के-सारे चल रहे हैं
बचते-बचाते
यहाँ एक्सपोजर का खतरा नहीं
शर्म है

चटपट निर्णय लेना
उसने छोड़ दिया है
उसे तो इंतजार है…निमंत्रण का
जो कि कभी नहीं मिलेगा
उधर से जिधर से जुलूस गया है
जिसमें सबसे आगे झंडा लिये
वह भी तो गया है

हाँ, दूसरी उसे बुला सकती है
पर कैसे?

यहाँ के लोग तो छिपे-छिपे से हैं
शर्मिंदा···घूँघट से ढके
जो पूछने से पहले ही
सफाई देने को टूट पड़ेंगे
ऐसा लगता है
उनकी कामचोर टाँगों से
जो उठती-गिरती नहीं
सामान्यतया
बल्कि बहती जाती हैं
चिकनी सड़क पर
सुविधाओं के स्केट्स पहने

इधर
जो भी गए हैं जुलूस में
बचे-खुचे से क्यों लगते हैं?
खर्च होने को तत्पर
कि दिख न जाएँ
चवन्नियों की तरह
शायद भार ज्यादा है···इसलिए

उसने निर्णय लिया···पहली बार
उसे भी बनना है चवन्नी
जो हर ठोकर पर कुछ ऊँचा
उछलती है
गिरती है, उतने ही वेग से

फिर बढ़ चलती है आगे
जुलूस के साथ-साथ
जुलूस जिसमें सबसे आगे
झंडा लिये वह भी तो गया है…

—1999

□

तुम मुझे कवि नहीं लगते

रात के बारह और एक के बीच
खटखटाहट
दरवाजे पर भी
जब
झींगुर और कुत्ते
पूरे आलाप में हैं
एक परिचित
बासी
थकी-सी बात
तुम
तुम तो मुझे कवि नहीं लगते···

—*1996*

□

महाकुंभ

(हजारों-हजार साल पुराना हिंदू धर्म खतरे में है। बचाओ!)

एक सौ आठ फीट लंबी धर्म ध्वजा
जो महज सहजता के लिए
बावन फीट की भी हो सकती है
और जिसकी लकड़ी के लिए
(वो तो एक साधु ने सगर्व बताया
कि यह पूरा लंबा लट्ठ एक ही पेड़ का है
कहीं कोई जोड़ नहीं)
घने जंगलों की खाक छानी गई है
जिसे धरती के पेट से निकालने में उत्सव था
अखाड़ा परिसर के बीचोबीच लगाने में
उत्सव था
जो अपने जैसी कई ध्वजाओं
(एक ही धर्म की अनेक ध्वजाएँ
इस बात को बताती हैं अनायास
कि यहाँ सबको विचार की, चुनाव की
और अपने मत के

अंधाधुंध प्रचार की स्वतंत्रता है)
के साथ बीच आकाश तनी मुस्कुराती है
उससे बचेगा

या बचेगा धर्म
लंबे पेशवाई जुलूसों और शोभा-यात्राओं से
जिसमें
फिल्मी धुनों पर जबरन
भक्ति के शब्द उड़ेसे गानेवाले बैंड
जो बहरी हो रही सभ्यता
के कान के पर्दों पर
गैर-जिम्मेदाराना शोर भर हैं

और
चमकीली छतरियोंवाली बग्घियाँ
जिनको खींचनेवाले घोड़े, खच्चर
और गाड़ीवान
भोजन और दिहाड़ी में मिले पैसों
के गुणा-गणित से ज्यादा
उन अफवाहों से चिंतित हैं
जिनमें प्रशासन द्वारा जुलूस के आकार-प्रकार
और संख्या पर असफल, आत्म मुग्ध और
दिल बहलाऊ सवाल खड़े किए जा रहे हैं
यह अलग बात है कि साल के उन शुरुआती महीनों में
अखाड़ा हर सवाल पर हावी है

और
तलवारबाजी और गतके के साथ
नटबाजियाँ दिखाते
नंग-धड़ग कुछ लोग
गो हर जुलूस में इतने ही जोश के साथ
ऊल-जुलूल उछलकूद मचाते हैं
जो कि इनका कोई सीधा संबंध नहीं
उन धर्मोंपदेशों से
जिनके वाचक
उनके ठीक पीछे
चमकीली छतरियोंवाली
बग्घियों में विराजमान हैं

और हाथी
जो उधार के विचार की तरह
हर जुलूस में शामिल हैं
अलमस्त, गैर-जिम्मेदार, अजीर्ण

और अभी-अभी दीक्षा प्राप्त
भभूत, जटा और चिलम के ट्रेडमार्कवाले
नागा साधु
जो मौसम की अठखेलियों को
बदतमीजी करार देते हुए
थर-थर काँप रहे हैं

ये सब शामिल हैं
और शामिल हैं पुलिसवाले

जिन्हें जटाजूट शिखाओं से कोई सरोकार नहीं
जिन्हें गाजे-बाजे-बैंड का शोर
झुँझलाहट के सिवा कुछ नहीं देता
जो इस बात से खौफजदा हैं, लगातार
कि कहीं हमारा जुलूस
किसी और जुलूस से टकरा न जाए
जिनका पिछले जुलूस में उत्साह ज्यादा था
उससे पिछले में और भी ज्यादा
और उसके पिछले में तो देखते ही बनता था
ऐसे रंग-बिरंगे जुलूसों से बचेगा हिंदू धर्म

या बचेगा धर्म
धर्म गुरुओं के बड़े आलीशान
(तीन-चार-पाँच सितारा कहने को जी
चाहता है, पर क्या करें इनके लिए
सितारों की व्यवस्था नहीं है अभी)
आश्रमों से
जहाँ यात्रियों से किराया नहीं
दान लिया जाता है
जो तारों की व्यवस्था की अनुपस्थिति के बरअक्स
अलग-अलग हैं, सुख सुविधा के अनुरूप
आयकर, मनोरंजन कर, व्यापार कर
चाहे कितने भी कर रोपे सरकार
लेकिन आँखों से धूल फाँकना ही
सरकार की नियति है

या बचेगा धर्म
उन व्याख्यानों, उपदेशों, कथाओं से
जो तब ज्यादा ही भारी और ओजस्वी हो उठती हैं
जब कि पंडाल में
लाल बत्ती, नीली बत्ती या
विदेशी कारों की चमकीली अनगिन
बत्तियाँ आ घुसी हों

या बचेगा धर्म
अफीम, सुल्फा और धुनी के धुएँ से
ललछौर हुई
औघड़-अलमस्त बाबा की आँखों से
जो
आँखें बंद किए आगे को झुके स्त्री-तन
को घूर रही हैं
अनवरत
किसी अज्ञात सुनामी को दबाए

या बचेगा धर्म
अलग-अलग मत-मतांतरों,
संबोधनों, अलग-अलग कपड़ों,
अलग-अलग तिलक की रेखाओं
और इनके अलग-अलग प्रचार से
कि जैसे विज्ञान-सम्मत बात
विविधता ही सरंक्षण का
सबसे मुफीद उपाय है

अरे हाँ, एक रास्ता और
इसे (यानी असहाय हिंदू धर्म को)
किसी विश्वव्यापी समस्या से जोड़कर भी
बचाया जा सकता है
जैसे ग्लोबल वार्मिंग
ये नया-नायाब-बेहतरीन तरीका हो सकता है
किसी पुराने हजारों-हजार साल पुराने धर्म को
जिंदा रखने का
इसमें आप अचानक ही
विश्व की एक बहुत बड़ी जनसंख्या
जो सिविल सोसाइटी का
बौद्धिक आख्यान है
के साथ सीधे जुड़ जाते हैं
जरूरी नहीं है
लोगों को धर्म रक्षा और ग्लोबल वार्मिंग
के आपसी व्यवहार सूत्रों के बारे में बताना

इन नायाब तरीकों के बाद
एक आखिरी तरीका भी हो सकता है
इन सब चीजों को इकट्ठा कर
मार्च के महीने के किसी सुहाने दिन
दोपहर बारह बजे के आसपास
जब बृहस्पति कुंभ राशि
और
सूर्य मेष राशि के जजमान के घर जीमने के बाद वाली
नींद ले रहा हो

अपने सही स्थान के लिए विवादित ब्रह्मकुंड के
किसी अनिश्चित स्थान पर
चैरासी करोड़ देवी-देवताओं की
पुष्प-वर्षा के बीच
जल समाधि!

—2010

□

भाषा पर बपौती

भाषा···
शब्दों का सहारा लेती है
शब्द···
अक्षरों से जुड़े हुए हैं
और हम
अक्षरों को मोड़कर
जेब में रखने लगे
चलो
इतना अच्छा है
कि भाषा पर
किसी की बपौती तो नहीं रही···

—*1996*

□

देखा सोचा

क्षण भर सोचा
मात्र क्षण भर
सोचा
कि अभी-अभी जो चेन स्नैचिंग हुई उसके साथ
नुक्कड़ के मुहाने
और उसकी अपनी गली के सिरहाने पर
क्या बता दे पुलिस को

सोचा
उस सोच को
और देखा उस नजर को
जो देखकर सोचेगी
कहाँ टिकी थी यह चेन?
और फिर दूसरे ही क्षण
यह सोचकर
कि चलो बस चेन स्नैचिंग ही हुई
देखा
घर का रस्ता

—2009

□

खामोश! सब खामोश!

सूना-सूना-सा पथ है
उदास मन
किसी सूखी बेल-सा ऐंठ गया है
शब्द
जीभ से चिपके पड़े हैं
बाहर आने से डरते हैं
खामोश! सब खामोश!
आकाश—नि:स्तब्ध
धरती अपनी झुर्रियों में खो गई है
लड़खड़ाकर···
और विस्फोट
आह! अब उठा नहीं जाता···

—1995

□

मेरी एक प्रेम कविता
(क्या करें हमारे प्यार पर तो बाजार छा गया)

शर्की सल्तनत की आखिरी निशानी
गिर चुके से···
खँडहर से खड़े-खड़े किले
की ऊबी दीवारों पर
जब तुमने लिखा था हमारा नाम
ये सोचा न होगा
की एक दिन हम
बातवाला पीसीओ के
साइनबोर्ड के नीचे आ जाएँगे

जिस पेड़ के पेट को छीलकर
तुमने पान के पत्ते-सा कुछ उकेरा था
उसकी जड़ों के ऊपर अब
टायरों के निशान हैं

गिर चुके से
खँडहर से खड़े-खड़े

किले की ऊबी दीवारों को देखने
अब भी कुछ लोग आते हैं
उनकी गाड़ियों के लिए
पार्किंग लॉट तो चाहिए

—2009

□

मैं रिक्तियों से बड़ा हो रहा हूँ

मैं रिक्तियों से बड़ा हो रहा हूँ
नीबू
जिसमें इच्छाओं का रस है
लगातार निचोड़ा हुआ
और
दुपहर की धूप में रखी थाली
के किनारों पर लगा भात
जिस पर मक्खियाँ भिनभिना रही हैं
खींच-तान…घुटन…खामोशी
मैं रिक्तियों से बड़ा हो रहा हूँ

—*1995*

□

कालाढूँगी
(शिरीष कुमार मौर्य की कविता 'रात में शहर' को पढ़ते हुए)

कैसे बताऊँ आपको
कि वो गालियाँ खाते हैं
पिटते हैं
नंगा किए जाकर सरेआम
और
हद की बात
कि मार दिए जाते हैं···

आगजनी होती है उनके घरों में
लूट–खसोट···
उनकी माँओं को
छत से नीचे पटक दिया जाता है
खूब तफसील से
गगनभेदी नारों और गलीच गालियों के साथ
जला दिया जाता है सुरक्षा कवच
कैसे बताऊँ आपको

की महाबली नहीं रहे
उत्तराखंड पुलिस बल के सिपाही

वो दोगली चालबाजियाँ नहीं रहीं उनकी आँखों में
चिंता के लाल डोरे तैरते हैं उसकी जगह
किसी बुर्ज के अंदरूनी हिस्से में
भय-ग्रस्त दो-चार साथियों के साथ
वो देख रहीं हैं जलना सुरक्षा कवच का
माँओं का छत से नीचे फेंक दिया जाना
और अपने किसी अतिविश्वासी साथी का
नंगा किया जाना
पत्थरों से कुचल-कुचल-कर
मार दिया जाना

आक्रोश और हताशा से काँपते हैं उनके होंठ
और बीच-बीच में इनसे फिसलकर गिरता है एकाकी भोंड़ा-
सा शब्द
बचाओ…
अपने अन्तर्ध्यान अधिकारियों की पीठ पर
किसी भी भाषा के
किसी भी शब्दकोश में
यह कोई गाली नहीं है
और न ही आज के इस दुनियावी माहौल में
इसे किसी गंभीरता से लेते हैं लोग

कैसे यकीन दिलाऊँ
कि इन महाबलियों का सारा बल
दीवार फाँदकर जान बचाने में चुक गया है
और सारी चालाकी
वर्दी उतारकर चुपचाप
भीड़ का हिस्सा बन जाने में
इन अदने और लाचार हो चले सरपरस्तों को
सुरक्षा शुल्क में अब
सिगरेट नहीं
कालाढूँगी मिलता है

—2010

□

कवि-सा

रसहीन संतरे की फाँकें
जिन पर मक्खियों का पहला हक है
और गंदला
गली की नदी का पानी
जो सहसा सड़क पर बहने लगता है
आक्रोश
नहीं-नहीं संतोष
छीनते, खींचते, धकियाते
गाँवों के स्कूली बच्चे
स्कूल बस में अंताक्षरी करते
पढ़ने जाते पढ़े-लिखे
शहरी कॉन्वेंट के बच्चे
यकीन मानिए
मैं बहुधा कवि-सा हो जाता हूँ

—1995

□

डल
(कश्मीर से एक मुलाकात)

कश्मीर टूरिस्टों से ही वाबस्ता है
उसकी आँखों में एक चमक उठती है
ठुड्डियों में अजीब थरथराहट
और
याचना सी बहने लगती है, पसीने की बूँदों में

'पिछला साल तो बहुत बुरा रहा शाब,
इदर कोई नई आया'

भारी, कसे जूतों के तस्मे तैर जाते हैं आँखों में
नियंत्रित लयकारी चाल की
अनियंत्रित चालाकियाँ
पानी में रहकर भी पानी से बैर सीखने चला है श्रीनगर

झील में इतनी झल्लाहट क्यों है ?
इतनी बेचैनी ?
इतना काट खाने को क्यों दौड़ती है ?

क्या करें शाब!
इतने साल हो गए
बिला नागा
अपने बच्चों को खाना किसे अच्छा लगता है

अजब है यह अंधा कुआँ
डल के मायनों की उर्दू फारसी किताब
उलटी पड़ी है गहरे··· बहुत गहरे

वो जो बीच के चार पेड़ हैं न अजीमोशान, चिनार
दरअसल शर्म से पानी-पानी हैं
जमीन तो सब पाक ही होती है शाब,
चाहे इदर की हो या उदर की
असल नामाकूल तो फसल होती है
अब फसल को भी बुरा क्यों कहें शाब?
ये तो उगानेवाले की कारीगरी है

जावेद की आँखें अजीब सिहरन में दिप-दिप हुईं
जैसे मजल के अखिरी किनारे
उगली गोलियों की धनक से चमक उठते हैं

ये फ्लोटिंग गार्डेन है शाब
कद्दू-खीरे-बैगन
अमन के दिनों के हिसाब से
लंबी हो जाती हैं लौकियाँ
वैसे मुद्दे तो और भी होते होंगे शाब

बाहर
यहाँ चैनो अमन की अजा के सिवा कुछ नहीं
और कोई गम नहीं जमाने में मुहब्बत के सिवा
हँसता है जावेद
तो वीरानां तसलीम करने को घुमड़ता है

वीराना भी कौन सा
मालिकों के भागने के बाद खाली पड़ी हवेलियों-सा
या खुदा तसलीम भी कैसी
काँटों, रस्सियों और झालों में फँसी पड़ी
कंपनी के बैरकों में तब्दील हवेलियों के
तीसरे माला पर यदा-कदा खुलती
इकलौती खिड़की पर इकलौती महिला
एक सौ आठ बटालियन सी.आर.पी.एफ. के कंपनी कमांडर
की बीवी की
नाराज हँसी-सी
जवानों को यहाँ परिवार की इजाजत नहीं है
चश्मे शाही को ठंडी आँखों से पीने आती
जीनत रुखसाना और मुमताजों की खुली आँखों के बरक्स
कितनी खुली हैं खिड़कियाँ फिर भी

इदर पेपर मैशे का काम होता है
खूबसूरत घंटियाँ
चटख रंगों से सजे फूलदान
उतना नहीं रोते
जितना कि रंग निकालने को घिसे फूल

कभी निशात बाग में खिलते थे शाब
फूल–फूल के
दरख्त दरख्त के होते थे
अब दरख्तों से टहनियाँ नहीं
बेनाम साजिशें निकलती हैं
जिनके उस पार भाई का सीना है
तो इस पार खाला की नंगी छाती

झील में पश्मीनाई रेशमीपन चमकता है
अब हम मीना बाजार में हैं
बुलबुले पानी के ऊपर रंगीन केसर के धागों से फूटते हैं
अब कहाँ केसर है शाब कश्मीर में
बचा–खुचा बनिहाल टनल के ऊपर
अपने ही डर से काँपता
बाहरी मुल्कों को भेज दिया जाता है
पेट के लिए रोटी चाहिए
रोटी के लिए नौकरी
और नौकरी दहशत से दूर भागती है

हम वापसी की ओर हैं
जावेद को कोई जल्दी नहीं
जावेद को किसी का इंतजार नहीं अब
जावेद का कोई इंतजार नहीं करता घर पर

बस कश्मीर नाम की एक बेवा
पानी के पन्ने पर तारीखें काढ़ती है

यहाँ वो शहर दफन है
जहाँ तजावुज के लिए
बाहरी मुल्कों से कितने ही
खुदा के बंदे आए
आए और इसी मिट्टी में
मिट्टी की तासीर का एक हिस्सा बन गए
मिट्टी के ढेले चुनकर तक्सीम करो
पर ये तासीर तक्सीम नहीं होती

—2012

□

मुझे न्यूरो सर्जन बनना है

ये बीच में है कहीं
बहुत जल्दबाजी में बुनी गई एक जिंदगी
और बहुत तफसील से लिखी गई एक कविता
कहीं इन्हीं दो सिरों के बीच बहती

'मुझे न्यूरो सर्जन बनना है'
रुपए पैसे की दुनियावी चालबाजी के बीच
एक गहरी चिंता से जुड़ीं
शब्दों पर पड़ी ये मासूम सिलवटें
खार-सा भर देती हैं
बाप के चौड़े होते सीने और
अधबुझी आँखों में

कुछ मासूम कंधों पर जिम्मेदारियाँ
यों भी आती हैं
कि जैसे
काली कोट की अधफटी जेब में अठ्ठन्नी

'गेंद कल ले लूँगा पापा'
अक्सर यह शराफत का वह कोना होता है
जहाँ भभककर फूटता है चालीससाला वो शांत आदमी

यहीं इसी कोने में
स्वतंत्र होने को अभिशप्त होने जैसी कोई बात
टिकती है आकर
चुनने की आजादी के लिबास में
बेटे को इंजीनियरिंग की पढ़ाई
या बिटिया की शादी
या छोटी बिटिया की डाक्टरी की कोचिंग
या··· या··· या···
कपड़े–बरतन–बिल–भाड़े
'तू ट्यूशन क्यों नहीं देता?'
लेने की जमात में ट्यूशन देने की बात
रेत–सी बैठ जाती है शांत पानी में

इसी कोने में आँख में नमक आता है
नमक में सपनों का पनीला खारापन
तितली बादल और भालू नहीं आते सपनों में अब
ऑफिस, गाड़ी और पगार
पगार और पापा का नया कोट
'पापा मैंने गेंद ले ली है'
'पापा अब मैं गेंद ले सकता हूँ, खुद'
'कोई जरूरत नहीं पापा ट्रेन के एम.एस.टी. की
धक्के खाने की बसों में

बाहर खड़ी है न गाड़ी
बादलों के रंग की'

चाइल्ड लेबर की किताबी परिभाषाओं में
सपनों की इन बड़बड़ाहटों का जिक्र नहीं है
बादलों के रंग वाली उस गाड़ी का जिक्र नहीं है
जो शायद अब कहीं नहीं जाती
मसल दी गई उस तितली का जिक्र नहीं है
जिसके पंख
जल्दी-जल्दी बूढ़े हो रहे उस बच्चे के
कंधों के पीछे छिप गए थे!

—2012

□

एक…है

एक डॉक्टर है
जो हफ्ते के एक दिन गुरुवार को संभवतः
मुफ्त इलाज करता है गरीब का
वो जो आश्वस्त है अपने ठीक होने को लेकर और मरीज है
तीसरा
कुछ नहीं, क्योंकि कुछ हो भी नहीं सकता
डॉक्टर अपनी डॉक्टरी भाषा और पढ़ीस लिखावट में
कुछ फैक्ट्स मिस कर देता है डिस्चार्ज स्लिप से…
शायद जानबूझकर
जो भयानक बदकिस्मतियों से ही पता चलते हैं
बदकिस्मती मरीज की उसकी मौत पर
तिस पर बदकिस्मती डॉक्टर की उसका पोस्टमॉर्टम होने पर

एक देश है
जो पाठ पढ़ाता है
कम-से-कम पाँच साल की रूरल प्रैक्टिस का
उस समय में भी जब पूरी दुनिया को एक गाँव के शक्ल की
दरकार है
गो कि उसके मालिक अब यही चाहते हैं

एक वकील है
जो मानवाधिकार की बात करता है
आतंक-वातंक की नहीं
विथ ड्यू प्रोसेस ऑफ लॉ ऐंड प्रोसीजर स्टैब्लिश्ड बाई लॉ
बेल तो बनती है मेरे क्लाइंट की
उसका पेशेवर होना उसकी सबसे बड़ी दलील है

एक देश है
जो आँखों पर पट्टी बाँधता है
बिना वजह
संविधान की बात करता है
कानून की ओर दिखाता है
भूल जाता है
दशाश्वमेघ के पास बम विस्फोट से बचा-खुचा आदमी
संविधान की प्रस्तावना पढ़ते-पढ़ते
ढेर हो जाता है

एक पत्रकार है
पेशे से
वैसे तो अजीब किरदार है
होना नहीं चाहिए, लेकिन इसका अपना एक विचार है
वह हर घटना को विचार की तरह पढ़ता है
फिर पढ़े जाने के हिसाब से घटना और
घटना के हिसाब से विचार में
(एक जरूरी सूचना—आज भी सबसे बड़े विचार दक्षिण और वाम पंथ ही हैं

ज्ञात-अज्ञात टी.आर.पी. के आजू-बाजू)
सनसनाता है
दारू-पैसा-मुर्गा
मुरगा-दारू-पैसा
किसी पगलाई नींद-सा बड़बड़ाता
सुबह होने के पहले ही मैनेज हो जाता है

एक देश है
जो समाज को अखबार की तरह गढ़ने की
सारी सियासी तरकीबें भिड़ाता है
और अधिकारों की सूचना दबा जाता है
दो-दो, चार-चार सीढ़ियाँ लाँघने की हड़बड़ी में

एक लेखक है
जो इस तरह का लिक्खाड़ है
कि लिखना ही उसका आखिरी काम है
लेकिन भाषा की खुरदरी जमीन पर
नंगे पाँव चलने से डरता है
सुविधाजनक रूप से लेखक एक कवि भी है
जो कविता लिखता है तो कविता से बचता है
कविता में पाथता है गोबर
और गोबर में कविता नथता है
फिर श्वेत-धवल नख-शिख-नवल
गोबर से बचता है
सिद्ध-हस्त, गुरु घंटाल
कविता में बचता है कविता से

एक देश है
जो विचारधाराओं का अवांछित निबाह है
जो 'चाउर और किनकी' को एक ही तराजू से तौलता है
जो हुक्मराना पेशेवर पुरस्काराना बरताव में
किनकियों के हक में टेनी मार देता है

एक नेता है
जो एक अरब चालीस लाख माथों पर
इबारतें उकेरता है
आपकी दुआओं की फज्ल से उसे यह रुतबा हासिल है
देश के सारे वैज्ञानिक,
इंजीनियर, तत्त्वज्ञानी,
योगी, वकील, शिक्षक,
अफसर, नौकर,
चोर, उठाईगीर, लंपट
घूसखोर, उद्योगपति
कुल मिलाकर इससे थोड़ा कम ही जानते हैं
यह मामूली, गैर-मामूली चीजों का देवता
यह एक आकाशवाणी है
इससे बिजली है, पानी है, सड़क है
और नहीं है
यही भविष्यवाणी है
हो-न-हो यही शासनादेश है आज का

एक देश है
जो समाजवादी है

जो पंथ निरपेक्ष है
जो प्रजातंत्र है
जो गणतंत्र है
ऐसा सातवीं, कहीं-कहीं आठवीं, बहुत हद तक दसवीं तक पढ़ा जाता है
समझ की किताब से ये शब्द उड़नछू हो चुके हैं
अब नए व्याकरण के साथ
समाजवाद को 'प्रोलॉन्ग इमरजेंसी' की तरह पढ़ें
पंथ निरपेक्ष को 'गोधरा चाहे मालेगाँव' की तरह लें
प्रजातंत्र को 'लाल लंगोटीवाला भूत' समझें
और गणतंत्र को 'जब सइयाँ भए कोतवाल अब डर काहे का' पढ़ लें
कुछ फर्क नही पड़ता

एक अफसर है
असफल आशिकों की भाषा में जो थोड़ा ऊँचे दर्जे का बाबू है
जो कृते है
जो सेवा में है
आज्ञा से भी वही है
जिसकी कोई शक्ल ही नहीं है
किरदार भी नहीं
जो विकास की अनुज्ञप्तियों में
प्रतिनियुक्ति-सा आता है
फिर चला जाता है

एक देश है
जो सो कर उठता है कागजों में
फिर सूचकांको में सीढ़ियाँ चढ़कर
टेबलों, पहाड़ों, चार्टों को बेल्ट में खोंसे-खोंसे ही
मेज पर लेट जाता है एक त्रिप्त डकार के साथ (जो अभी-
अभी आए आर्थिक सर्वेक्षण के
ताजे आँकड़ों में दहाई के पाले को छूकर आने की बेवजह
पीठ ठोंकू अश्वस्ति से फूट ही पड़ती है)

एक नागरिक है…

एक देश है
जिसमें एक विधायिका है
जिसमें एक कार्यपालिका है
जिसमें एक न्यायपालिका है
और अनुपूरक माँगों की तरह एक मीडिया भी है
जो अब मुख्य बजट के सबसे बड़े हिस्से का दावेदार है

देश की विधायिका
विधायन करती है
भाषणों-आश्वासनों
कभी-कभी आरोपों-प्रत्यारोपों
गालियों-फब्तियों-नारों का
वैसे सैद्धांतिक तौर पर पूर्ण सक्षम है विधायिका

देश की कार्यपालिका
व्यावहारिक तौर पर पूर्ण सक्षम है

काम करके बेहया सफाई से उत्तम काम न करने की राजनीति
हुआ करती है

देश की न्यायपालिका के खिलाफ कुछ भी कहना
कंटेंप्ट ऑफ कोर्ट की जद में आता है
एक नामुराद चुप्पी ही न्याय का आखिरी फैसला है

देश का चौथा खंभा
उस छत को ही टेढ़ा किए दे रहा है
जिसमें जन-आंदोलनों से घबराकर अकसर देश
छुप जाया करता था

एक देश है
जो निरुद्देश्य है
जो अपने नागरिकों के सामने
निरुपाय
नंगा खड़ा है
नई सदी के पहले दशक में!

□□□